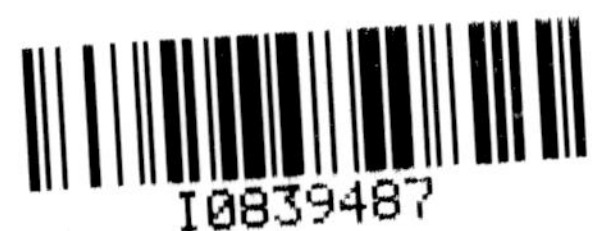

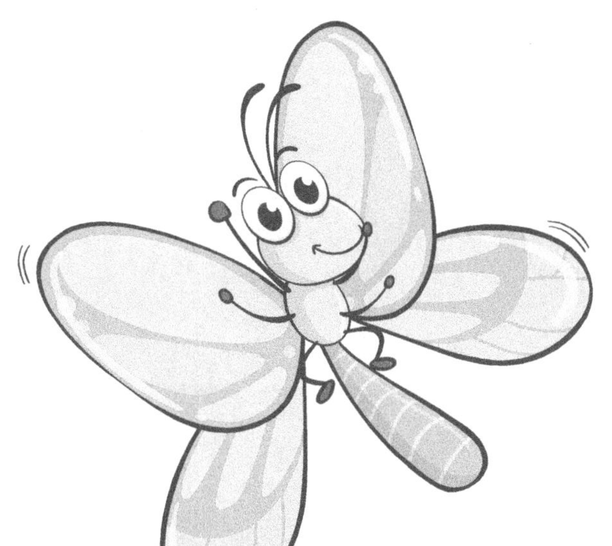

This Book Belongs to

____

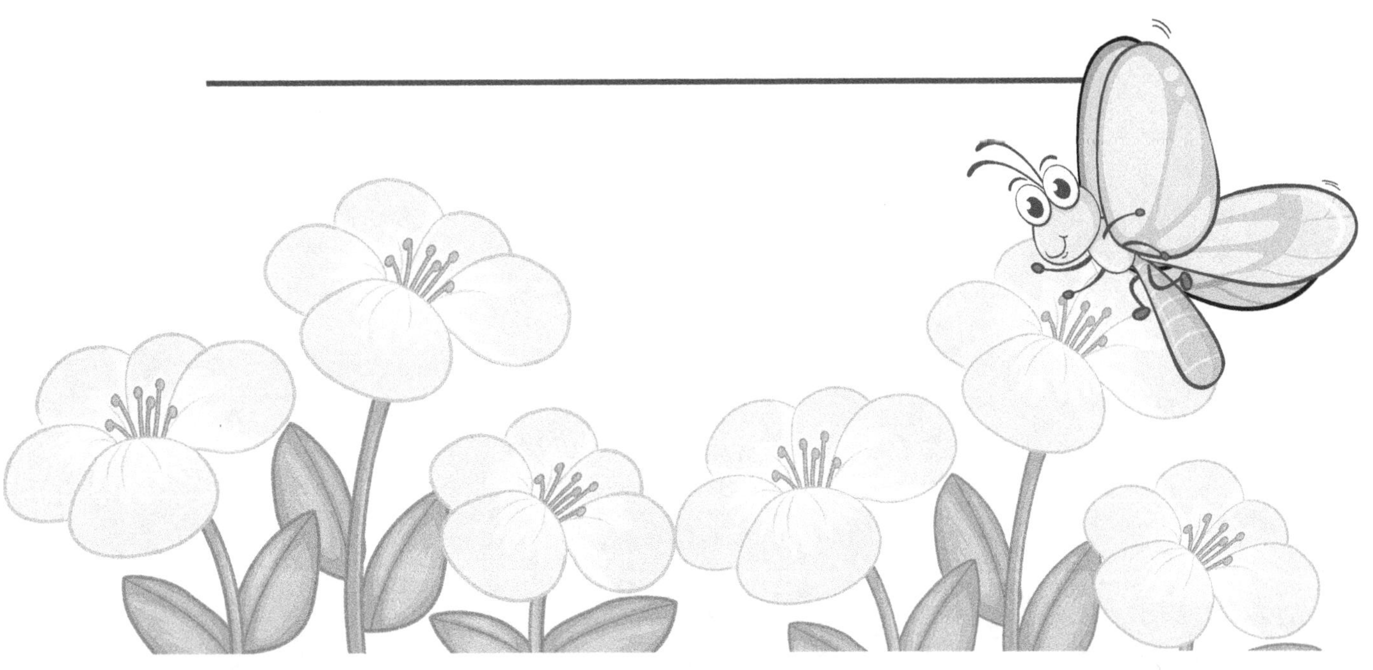

How To Draw

Draw & Color

	A	B	C	D	E	F	G
1							
2							
3							
4							
5							
6							
7							

How To Draw

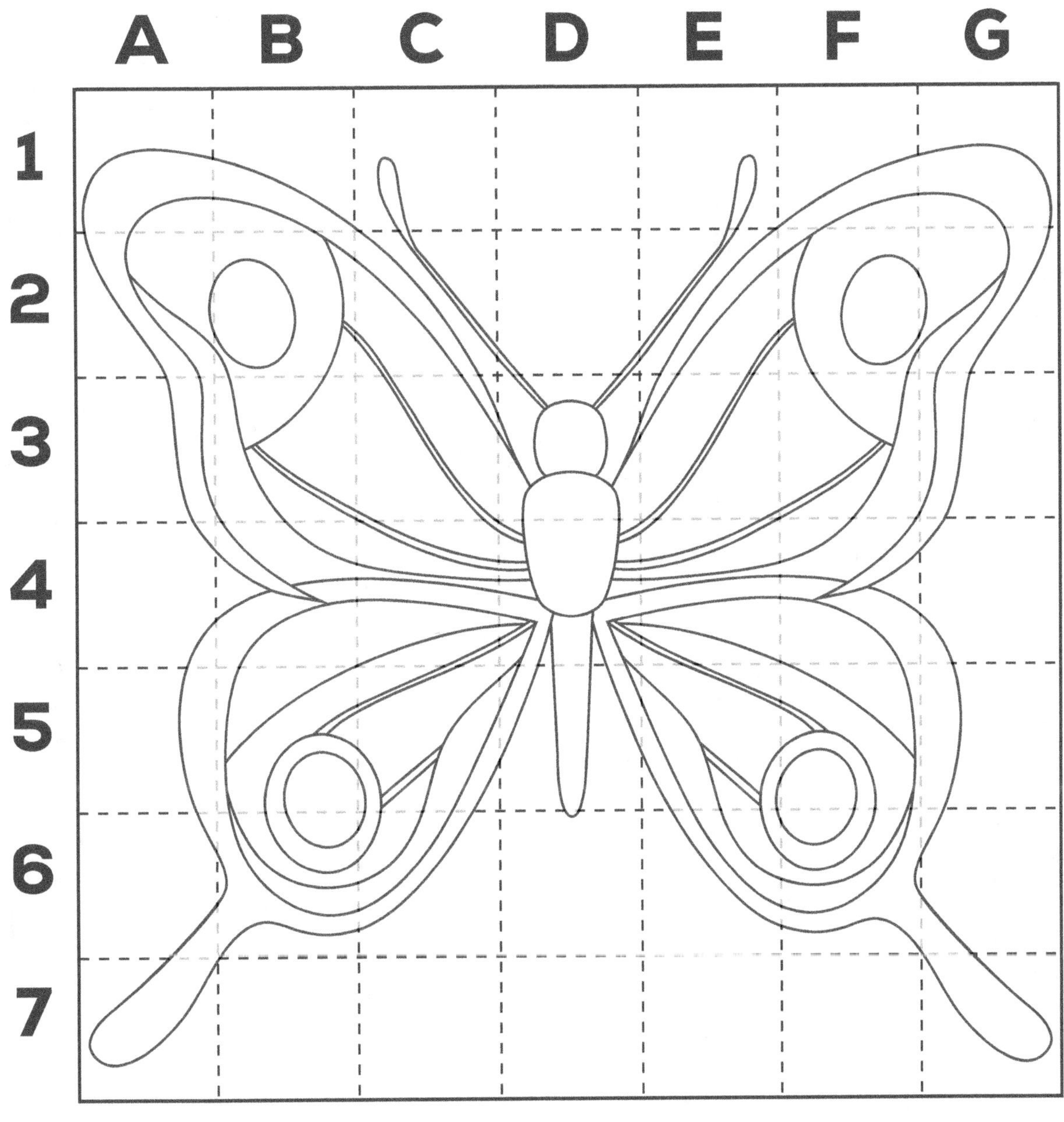

Draw & Color

	A	B	C	D	E	F	G
1							
2							
3							
4							
5							
6							
7							

How To Draw

Draw & Color

	A	B	C	D	E	F	G
1							
2							
3							
4							
5							
6							
7							

How To Draw

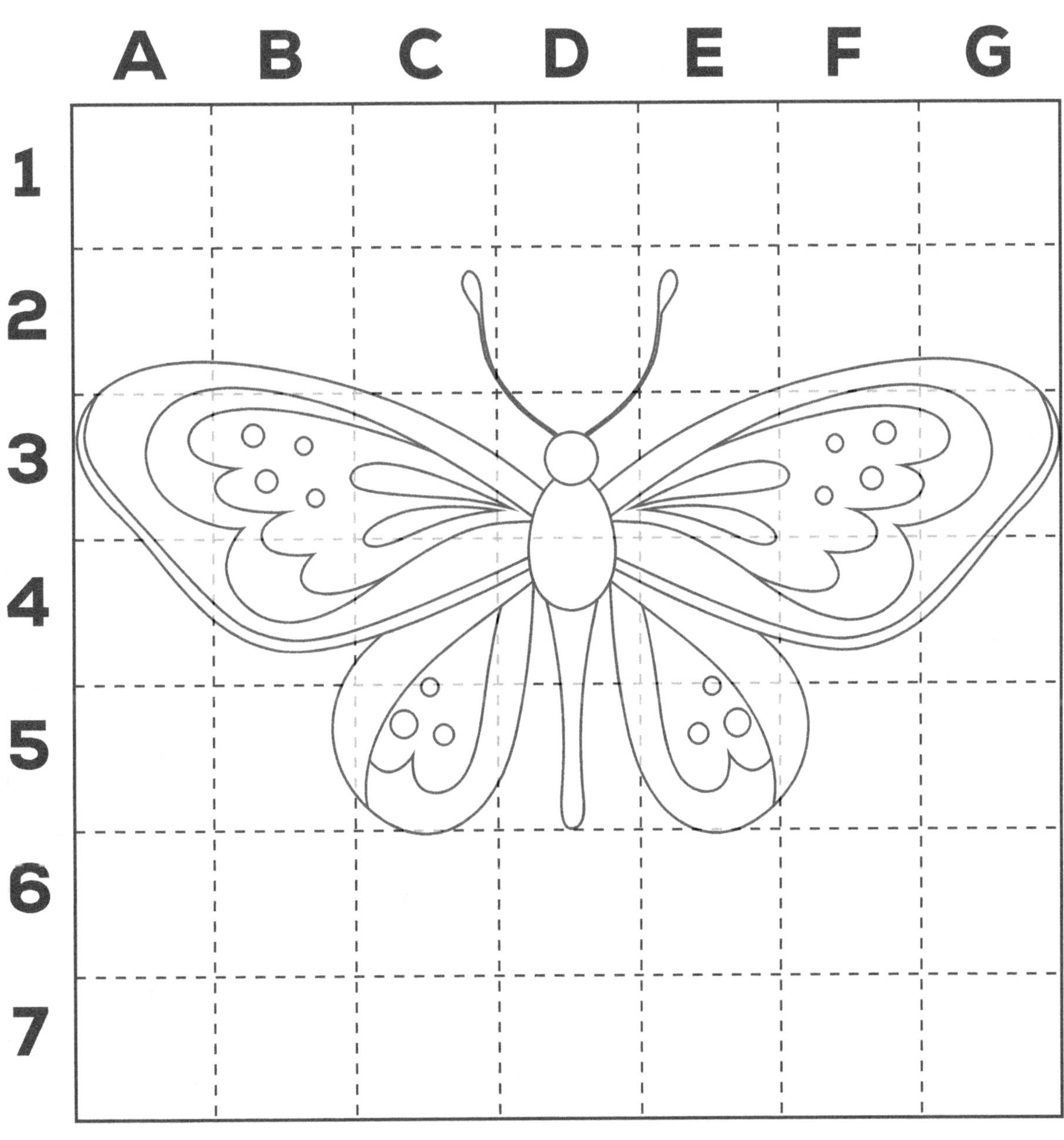

Draw & Color

	A	B	C	D	E	F	G
1							
2							
3							
4							
5							
6							
7							

How To Draw

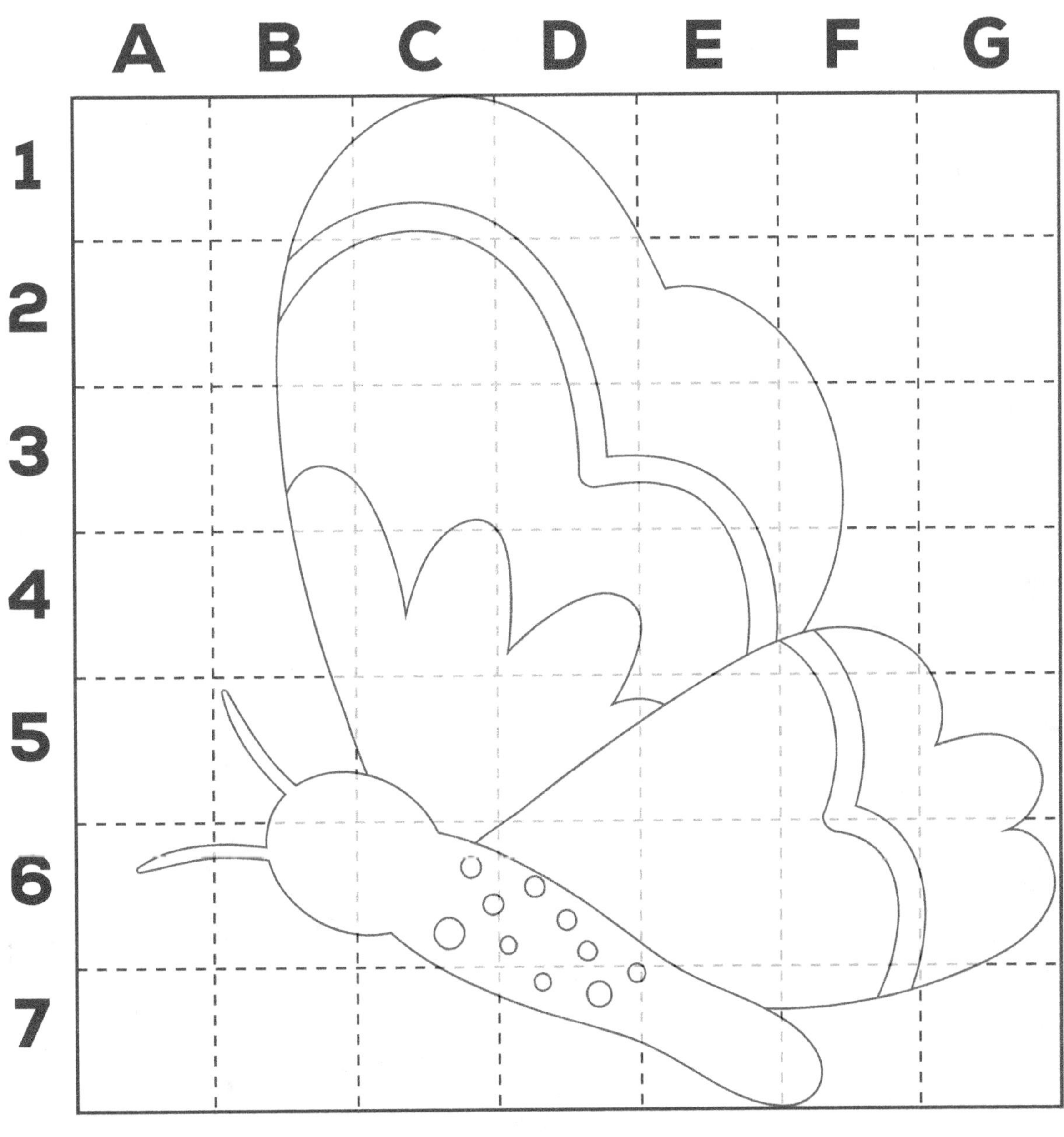

Draw & Color

	A	B	C	D	E	F	G
1							
2							
3							
4							
5							
6							
7							

How To Draw

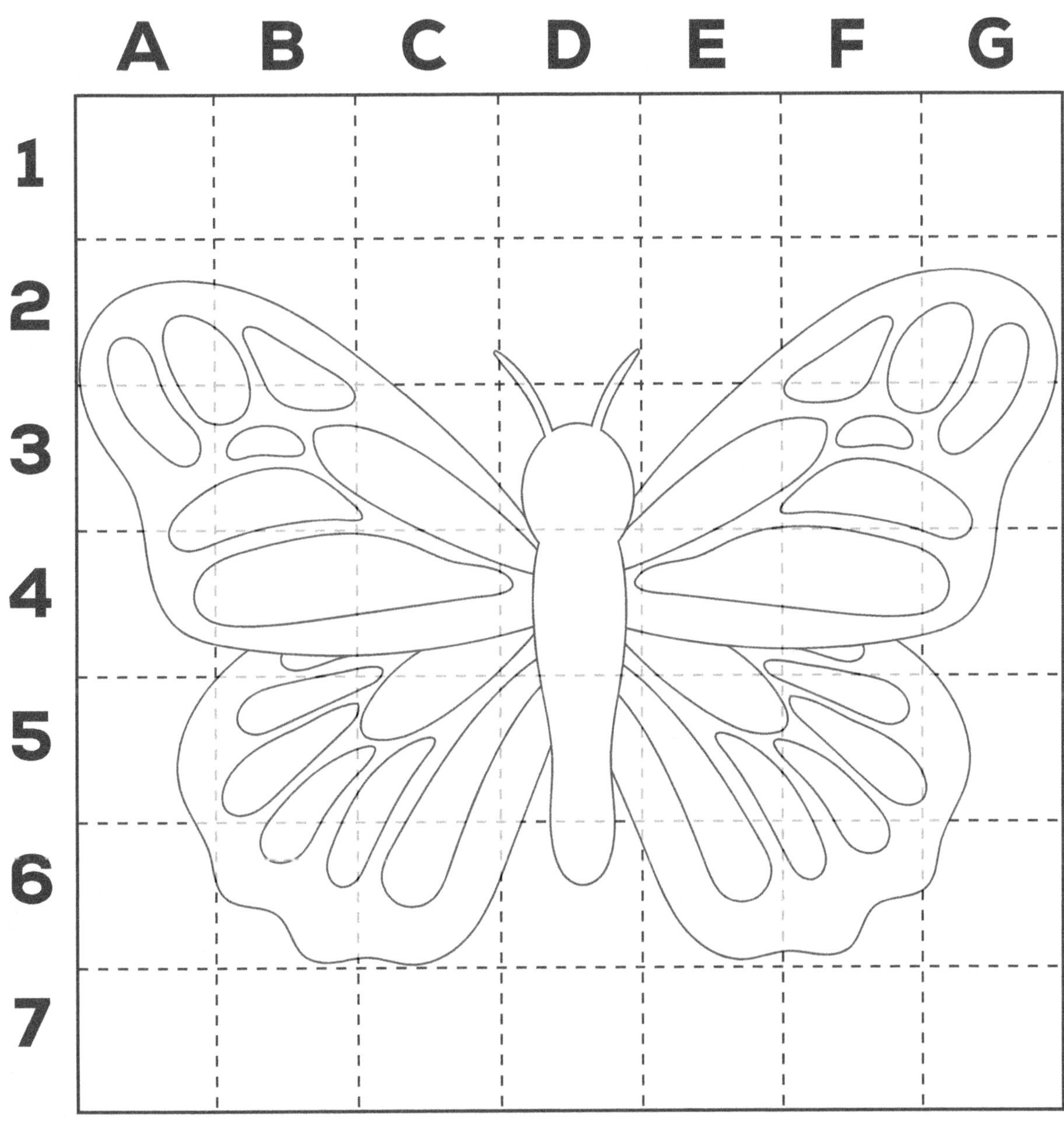

Draw & Color

	A	B	C	D	E	F	G
1							
2							
3							
4							
5							
6							
7							

How To Draw

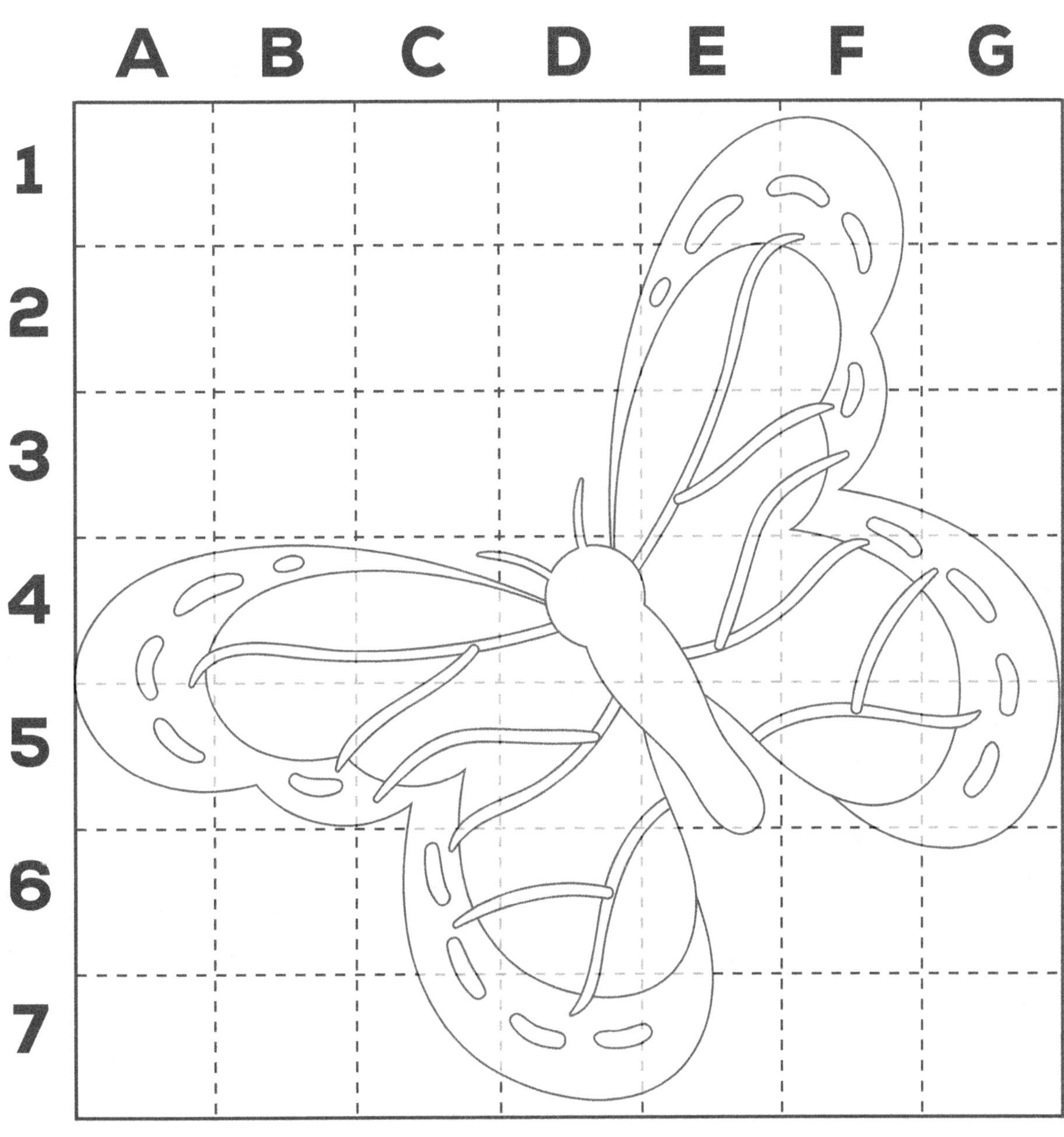

Draw & Color

	A	B	C	D	E	F	G
1							
2							
3							
4							
5							
6							
7							

How To Draw

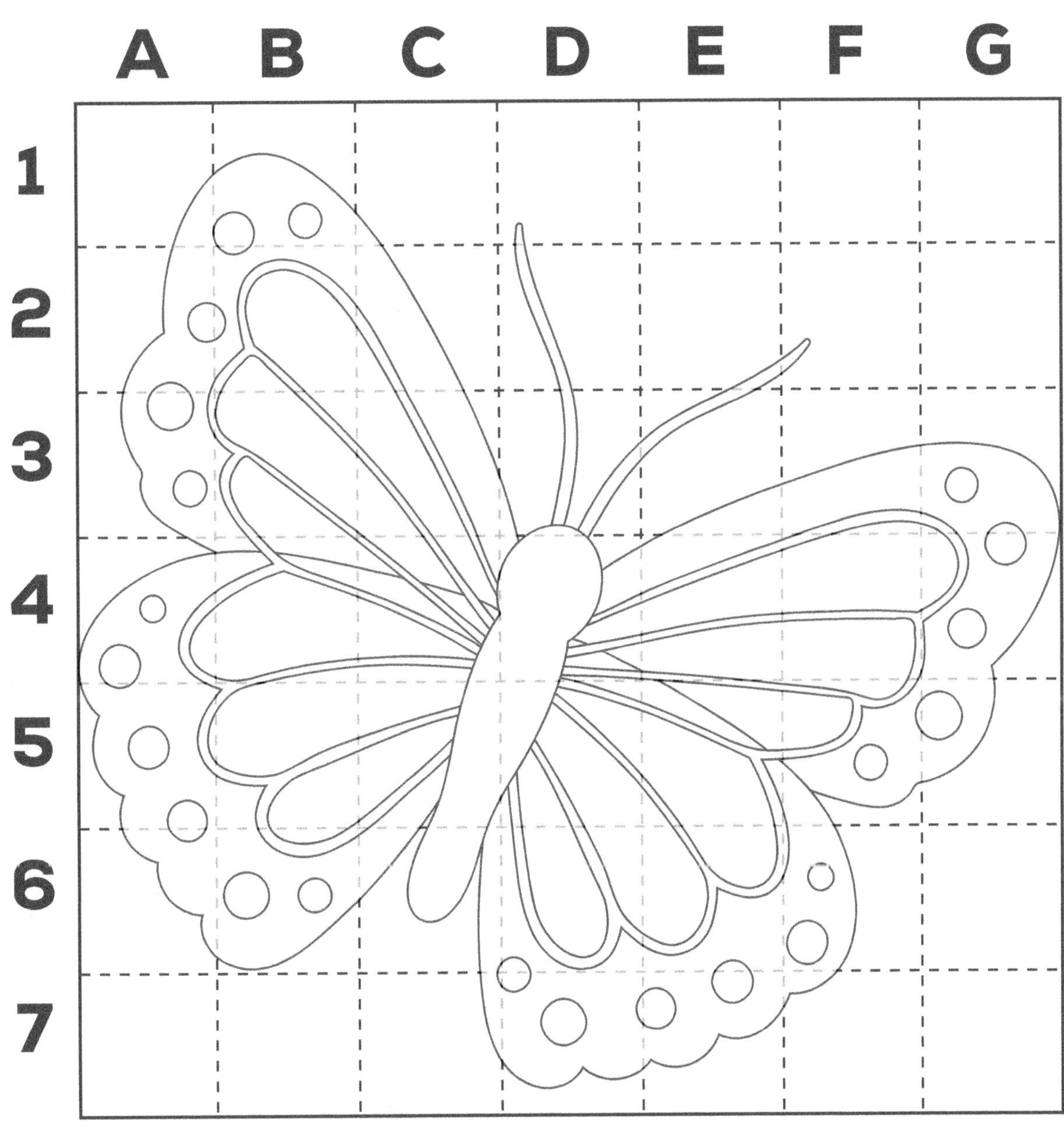

Draw & Color

	A	B	C	D	E	F	G
1							
2							
3							
4							
5							
6							
7							

How To Draw

Draw & Color

	A	B	C	D	E	F	G
1							
2							
3							
4							
5							
6							
7							

How To Draw

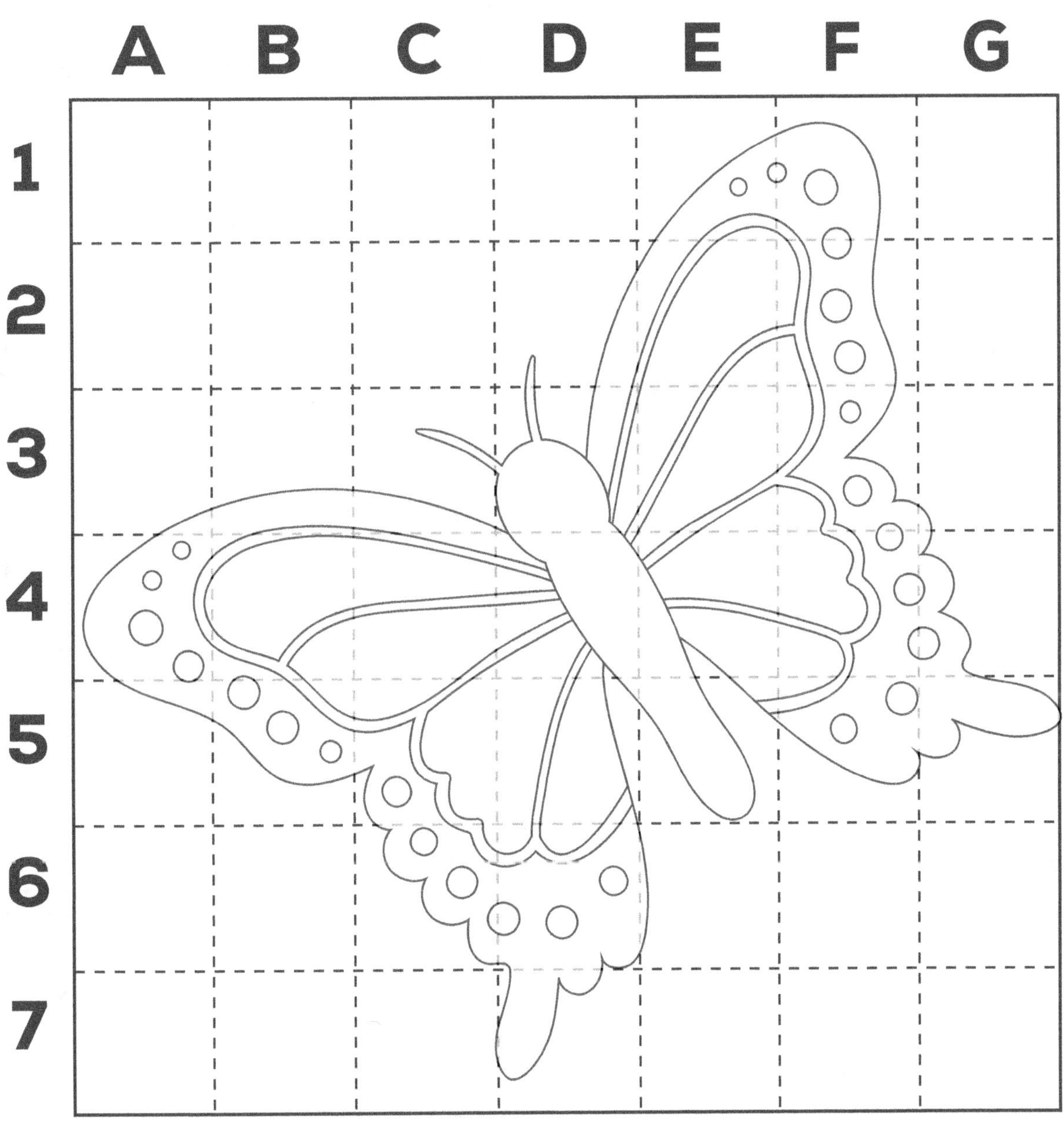

Draw & Color

	A	B	C	D	E	F	G
1							
2							
3							
4							
5							
6							
7							

How To Draw

Draw & Color

	A	B	C	D	E	F	G
1							
2							
3							
4							
5							
6							
7							

How To Draw

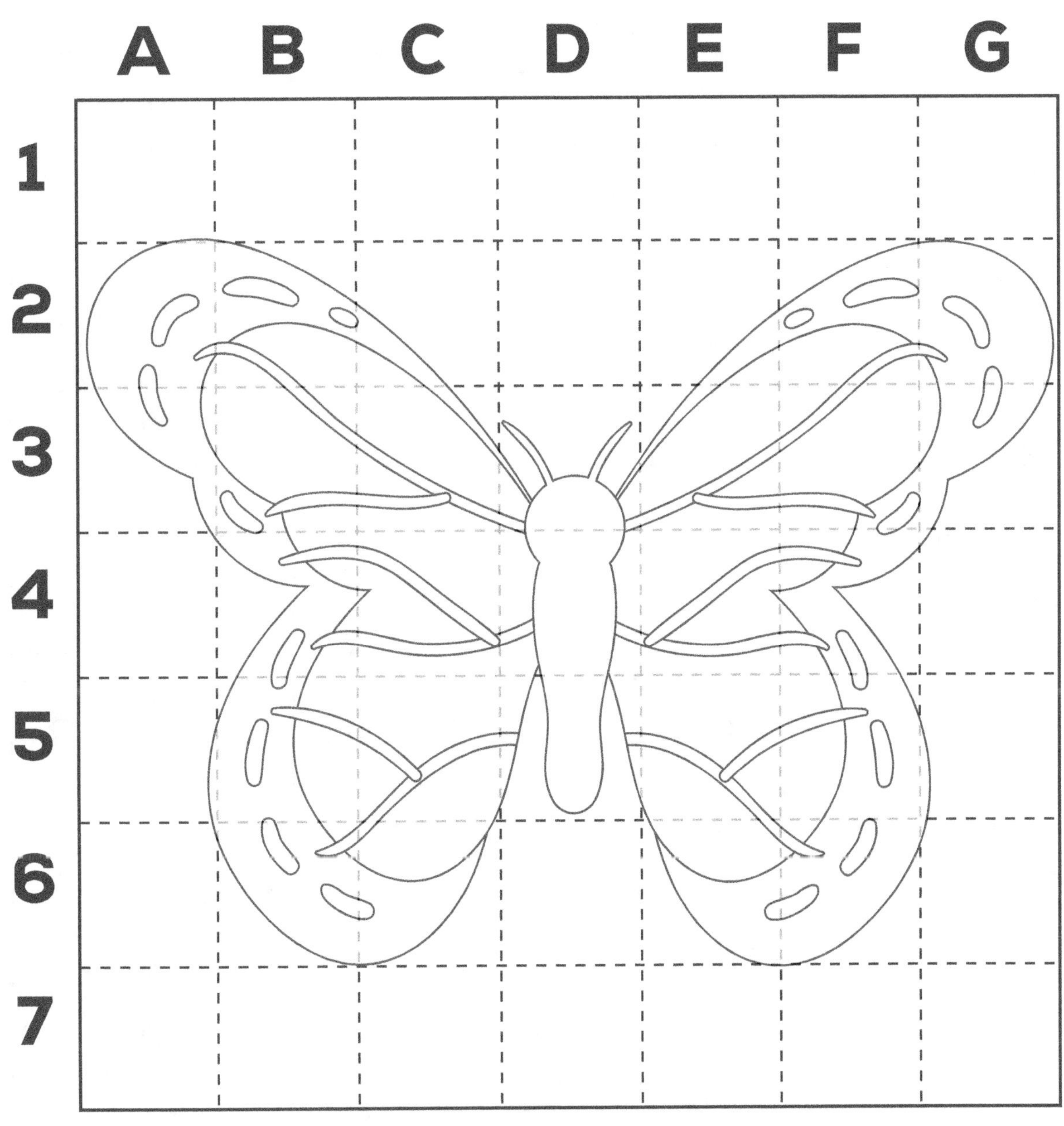

Draw & Color

	A	B	C	D	E	F	G
1							
2							
3							
4							
5							
6							
7							

How To Draw

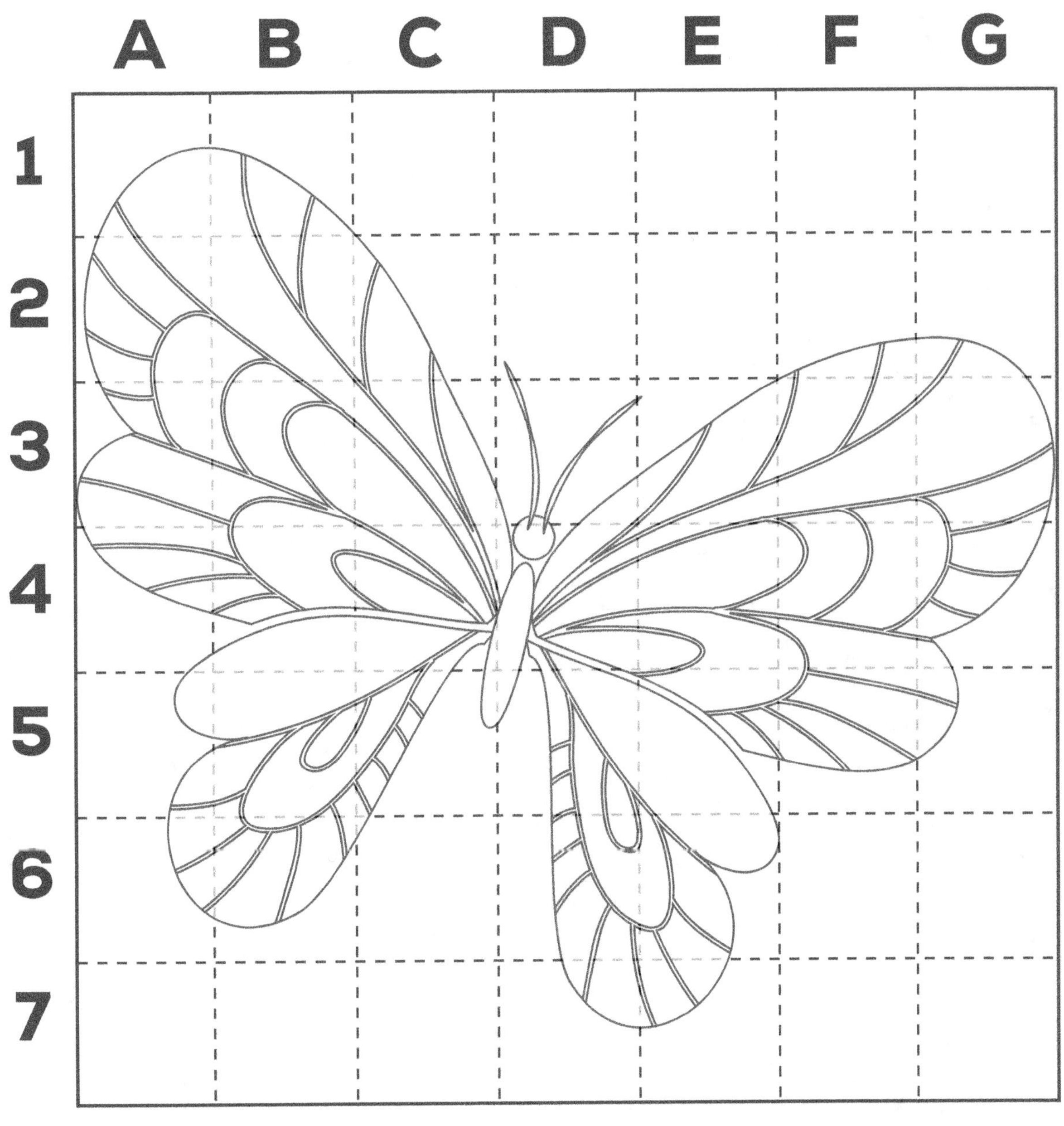

Draw & Color

	A	B	C	D	E	F	G
1							
2							
3							
4							
5							
6							
7							

How To Draw

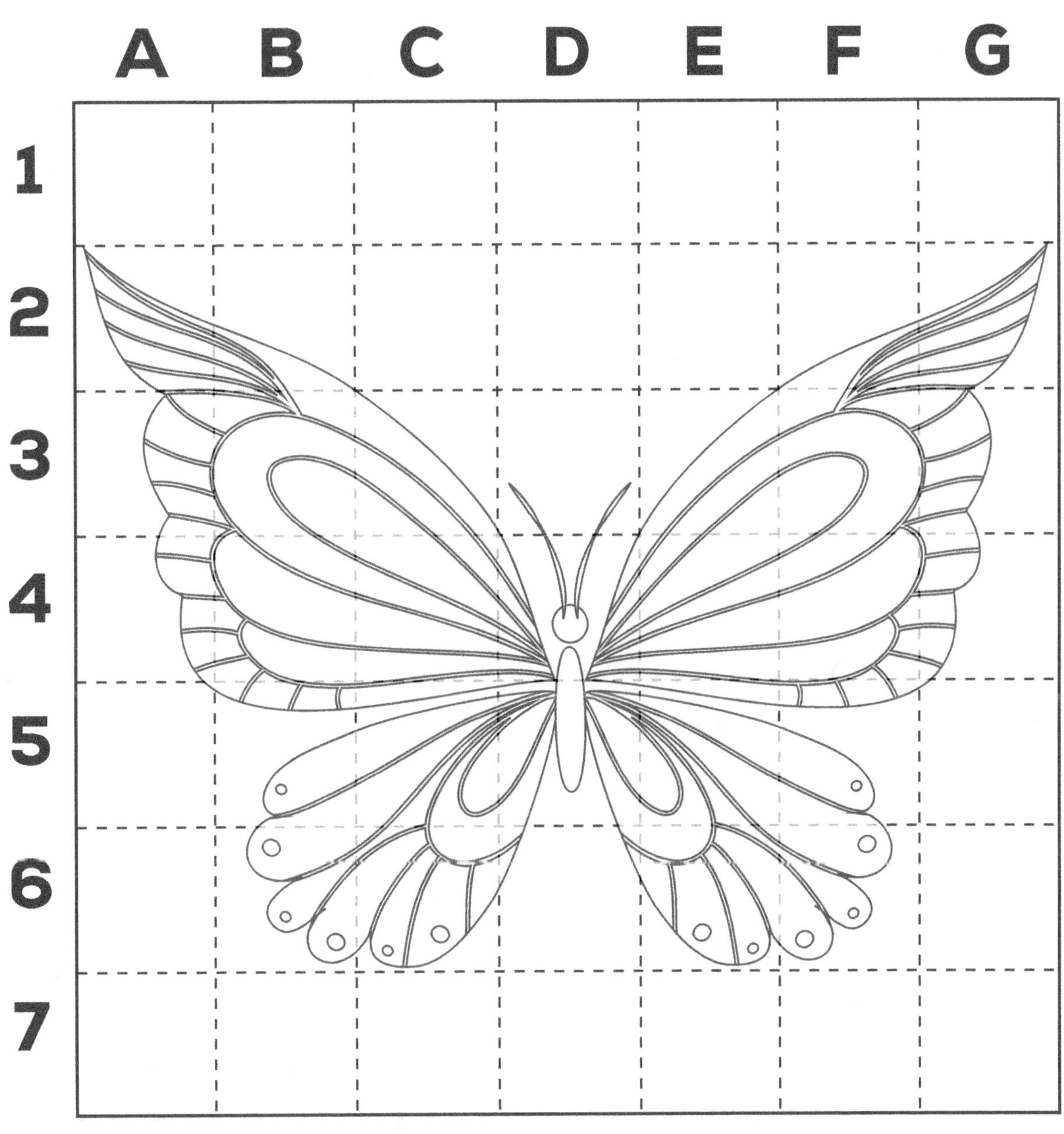

Draw & Color

	A	B	C	D	E	F	G
1							
2							
3							
4							
5							
6							
7							

How To Draw

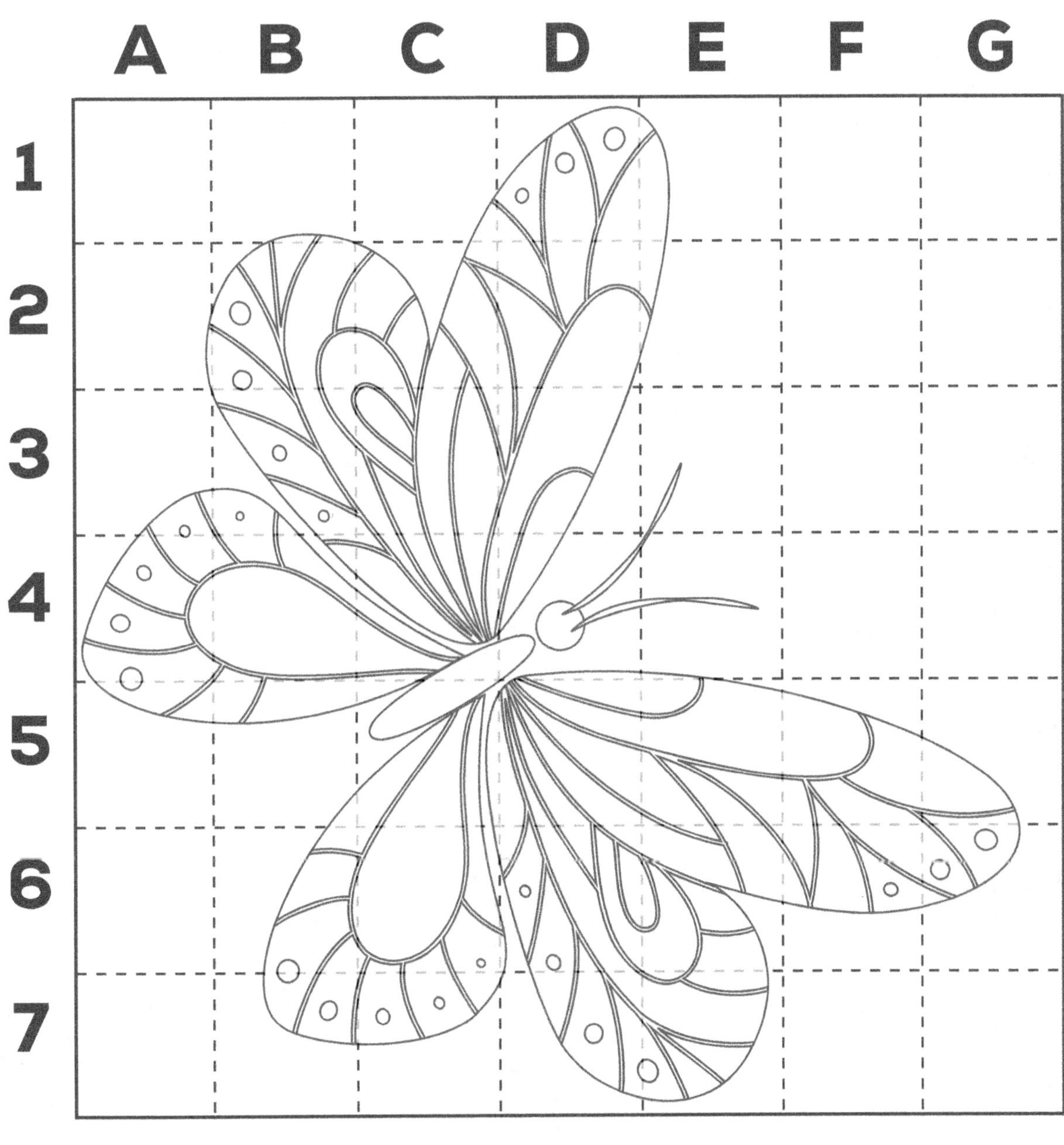

Draw & Color

	A	B	C	D	E	F	G
1							
2							
3							
4							
5							
6							
7							

How To Draw

Draw & Color

	A	B	C	D	E	F	G
1							
2							
3							
4							
5							
6							
7							

How To Draw

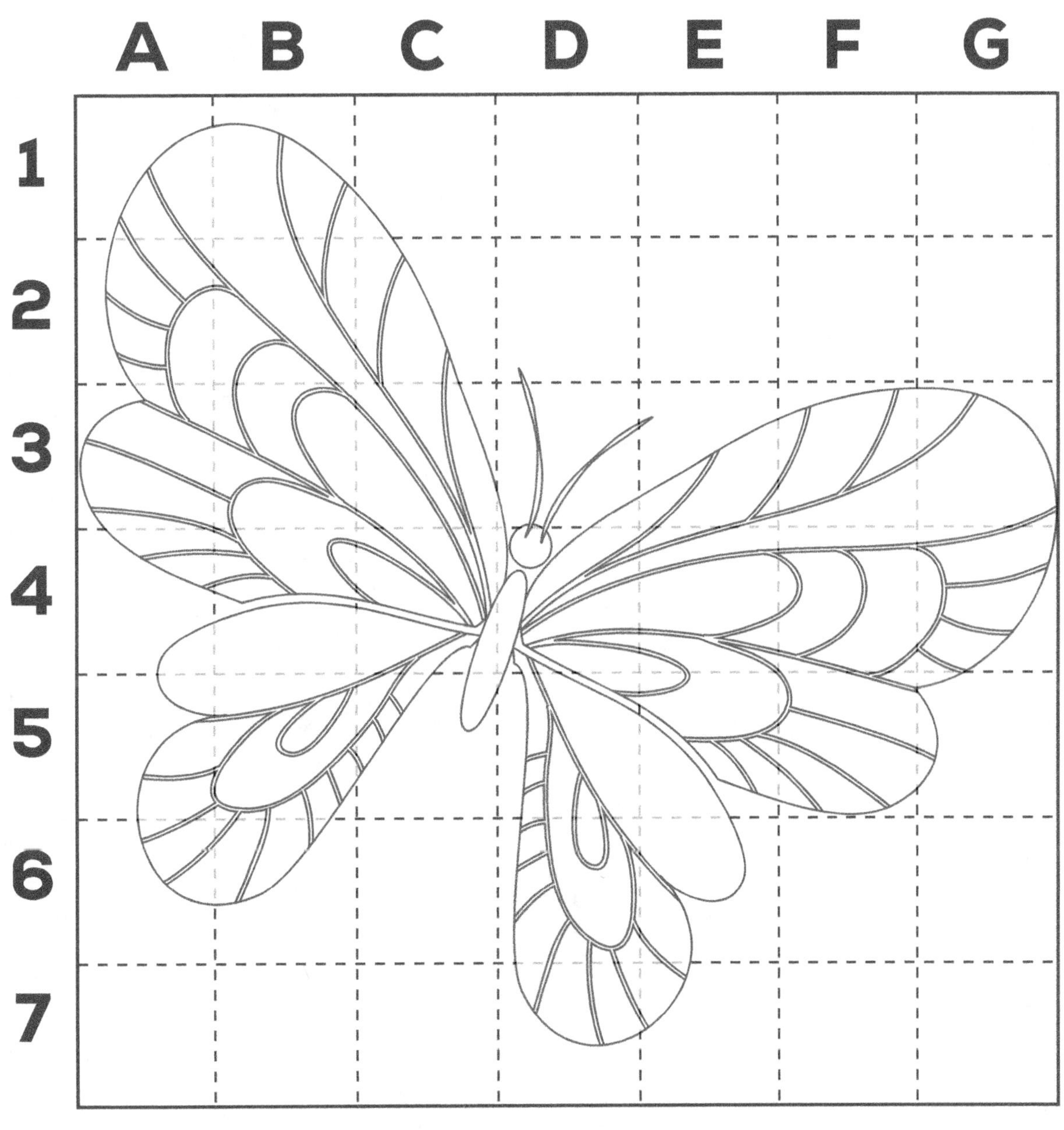

Draw & Color

	A	B	C	D	E	F	G
1							
2							
3							
4							
5							
6							
7							

How To Draw

Draw & Color

	A	B	C	D	E	F	G
1							
2							
3							
4							
5							
6							
7							

How To Draw

Draw & Color

	A	B	C	D	E	F	G
1							
2							
3							
4							
5							
6							
7							

How To Draw

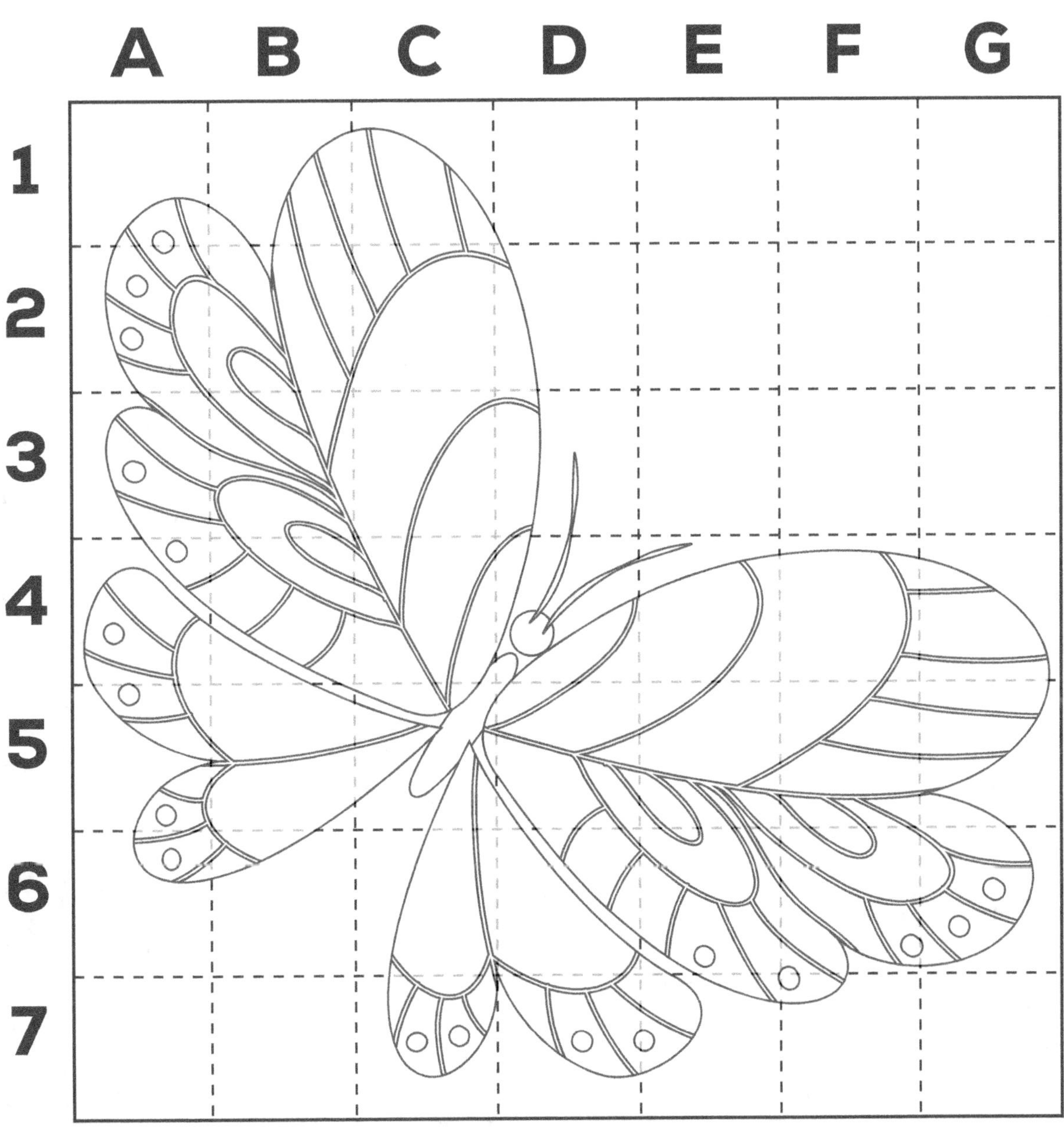

Draw & Color

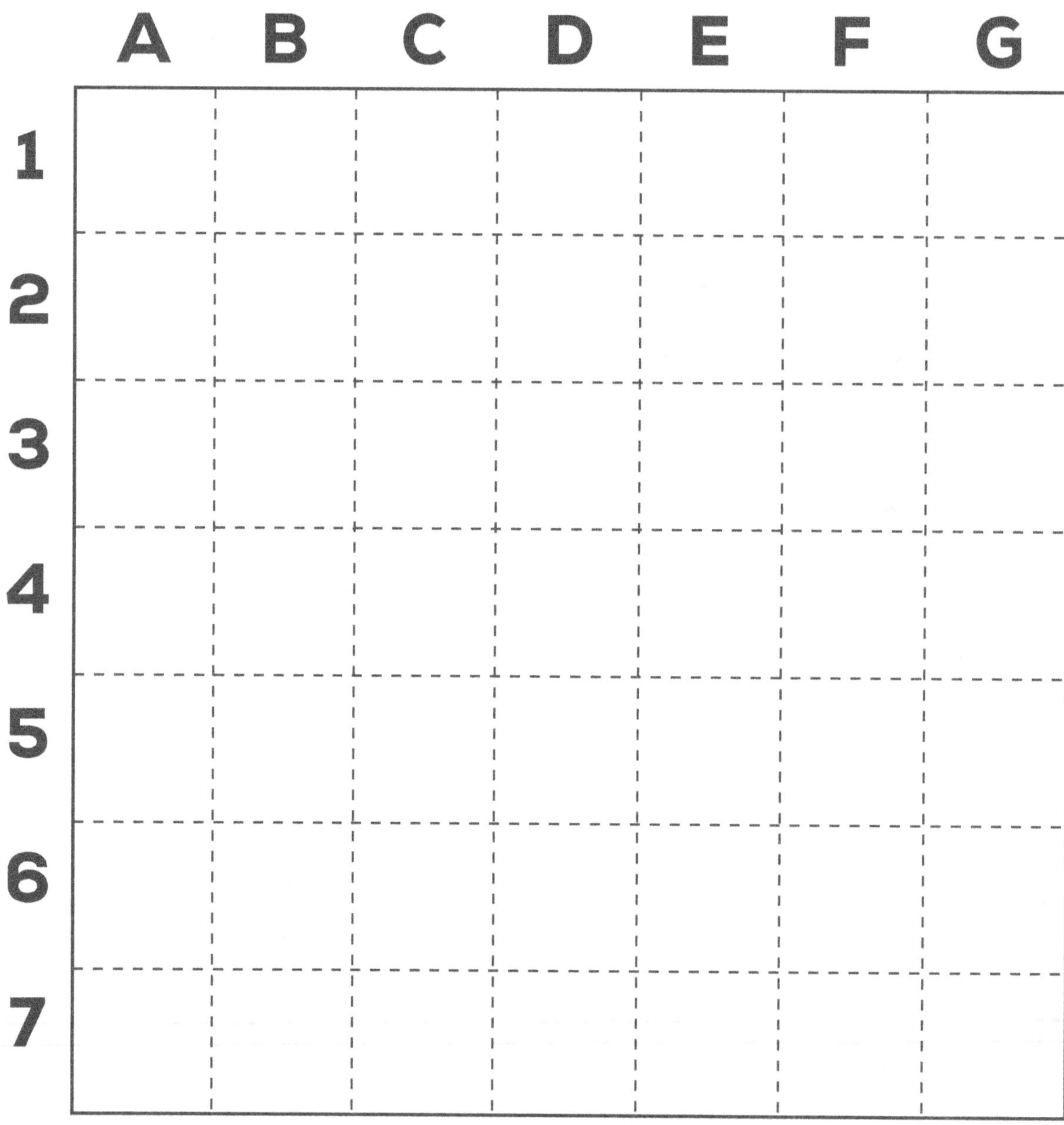

www.ingramcontent.com/pod-product-compliance
Lightning Source LLC
Chambersburg PA
CBHW080047260726
48658CB00007B/2780

* 9 7 9 8 7 3 2 5 4 2 3 3 2 *